CATALOGUE

D'un choix de

PORCELAINES DE SÈVRES

PENDULES, LUSTRES ET BRONZES,

Dont la Vente,

Autorisée par jugement du Tribunal de Commerce,
en date du (22 Avril 1856), aura lieu,

HOTEL DES VENTES, RUE DROUOT,

Salle N° 5, au premier étage,

Le Mardi 13 Mai 1856, à midi, et le lendemain,
s'il y a lieu.

Par le ministère de **M° THILLET**, Commissaire-Priseur,
à Paris, rue Laffitte, 33,

CHEZ LEQUEL SE DISTRIBUE LE PRÉSENT CATALOGUE.

Exposition publique
Le Lundi 12 mai 1856, de midi à 5 heures du soir.

PORCELAINES DE SÈVRES

PENDULES, LUSTRES ET BRONZES,

Dont la Vente,

Autorisée par jugement du Tribunal de Commerce,

en date du [22 Avril 1856], aura lieu,

HOTEL DES VENTES, RUE DROUOT,

Salle N° 5, au premier étage,

Le Mardi 13 Mai 1856, à midi, et le lendemain,

s'il y a lieu,

Par le ministère de **M° TUILLET**, Commissaire-Priseur,

à Paris, rue Laffitte, 33,

CHEZ LEQUEL SE DISTRIBUE LE PRÉSENT CATALOGUE.

Exposition publique

Le Lundi 12 mai 1856, de midi à 5 heures du soir.

1856.

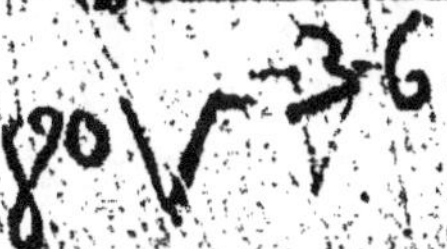

CATALOGUE

D'un choix de

PORCELAINES DE SÈVRES

PENDULES, LUSTRES ET BRONZES,

Dont la Vente,

Autorisée par jugement du Tribunal de Commerce,

en date du 22 Avril 1856, aura lieu,

HOTEL DES VENTES, RUE DROUOT,

Salle N° 5, au premier étage,

Le Mardi 13 Mai 1856, à midi, et le lendemain,

s'il y a lieu,

Par le ministère de **M⁵ THILLET**, Commissaire-Priseur,

à Paris, rue Laffitte, 33,

CHEZ LEQUEL SE DISTRIBUE LE PRÉSENT CATALOGUE.

Exposition publique

Le Lundi 12 mai 1856, de midi à 5 heures du soir.

1856.

CATALOGUE

D'un choix de

PORCELAINES DE SÈVRES

PENDULES, LUSTRES ET BRONZES,

Dont la Vente,

Autorisée par jugement du Tribunal de Commerce,
en date du 22 Avril 1856, aura lieu,

HOTEL DES VENTES, RUE DROUOT,

Salle N° 5, au premier étage,

Le Mardi 13 Mai 1856, à midi, et le lendemain,
s'il y a lieu,

Par le ministère de **M⁰ THILLET**, Commissaire-Priseur,
à Paris, rue Laffitte, 33,

CHEZ LEQUEL SE DISTRIBUE LE PRÉSENT CATALOGUE.

Exposition publique

Le Lundi 12 mai 1856, de midi à 5 heures du soir.
1856.

CONDITIONS DE LA VENTE.

Elle sera faite expressément au comptant.

Les Adjudicataires paieront 5 pour 100 en sus des enchères, applicables aux frais.

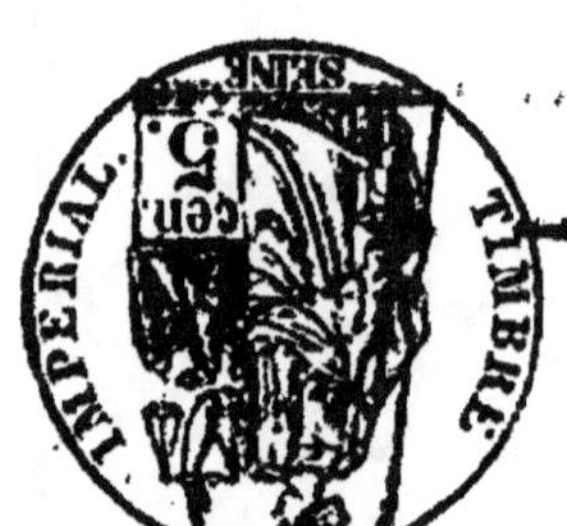

Imp. de madame de Lacombe, 14, rue d'Enghien.

DÉSIGNATION.

§ Ier — Porcelaines de Sèvres.

1 — Un magnifique Vase de 1 mètre 20 centimètres de hauteur, peint par M. L. Garnerey, décorateur à la manufacture de Sèvres. Sujet : découverte de l'Amérique par Christophe Colomb.

2 — Une paire de Vases, gros bleu, décorés par M. Meyer, peintre à la manufacture de Sèvres.

3 — Deux Compotiers avec socles, bleu au grand feu, peinture de M. Sinson de la manufacture de Sèvres.

4 — Un Guéridon fond turquoise et rubans. — Amour.

5 — Un Brûle-Parfums à colonnes, fond bleu de roi, garniture vermeil.

6 — Une paire de Carafes porcelaine mousseline, couronne d'accacias; peinture de M. Sinson.

7 — Deux Jardinières forme Louis XV, sujet pastoral, fond turquoise.

8 — Deux grandes Corbeilles à anses en vermeil.

9 — Vingt-deux Assiettes, décors divers, fond turquoise et fond rose.

10 — Cinq Vases, bleu de roi, à anses pleines or.

11 — Un petit Lustre à six lumières.

12 — Deux Coupes rondes, fond turquoise. Amours.

13 — Deux Coupes rondes. — Amours.

14 — Deux Coupes ovales. Sujet pastoral.

15 — Deux Coupes ovales. Sujet Watteau, fond turquoise.

16 — Deux Coupes ovales. Sujet pastoral, fond turquoise.

17 — Deux Coupes ovales, fond turquoise.

18 — Deux Coupes ovales, Amours, fond turquoise.

19 — Deux Coupes rondes, Amours, fond turquoise.

20 — Deux Coupes rondes, sujet pastoral, fond turquoise.

21 — Deux Coupes ovales,   id.

2 — Deux Coupes ovales,   id.

23 — Deux Coupes ovales, Amours, fond turquoise.

24 — Une paire de Vases, sujet Watteau, fond rose.

25 — Une petite paire de Seaux, sujet Watteau fond rose.

26 — Un Vase, sujet pastoral.

27 — Une paire de Seaux, sujet Watteau, fond turquoise.

28 — Une paire de Seaux, fond turquoise, sujet Watteau.

29 — Une paire de Vases, sujet pastoral.

30 — Une paire de Vases, sujet pastoral.

31 — Une paire de Vases, sujet pastoral.

32 — Une paire de Seaux, gravé or mat.

33 — Une paire grands Vases, fond turquoise, sujet Watteau.

34 — Une paire Vases, fond vert. Portraits.

35 — Une paire Vases, fond vert. Portraits de Richelieu et Mazarin.

36 — Une paire Vases cailloutière.

37 — Deux Jardinières, garniture en biscuit.

38 — Un Sucrier, fond bleu, monture en bronze.

39 — Quatre petites Coupes, Amours, fond bleu de
roi.

40 — Quatre petites Coupes, sujet Watteau, fond
bleu de roi.

41 — Huit Coupes ovales, monture en bronze.

42 — Deux petites paires Vases, fond blanc, sujet
Watteau.

43 — Deux petites paires Vases, garniture vermeil,
fond marbré.

44 — Deux grands Bols, sujet rubans et fleurs.

45 — Deux Bols, décors divers.

46 — Deux Bols, couronnes, fleurs.

47 — Deux Bols, à rubans.

48 — Deux Bols, courónnes de fleurs.

49 — Deux Bols ronds, fond rose.

50 — Deux Bols ronds, couronnes de fleurs.

51 — Deux Pots à lait, fond blanc, guirlandes
d'amours, anses vermeil.

52 — Trois Pots à lait, dont deux verts et l'autre bleu.

53 — Quatre petites Corbeilles à jour dorées.

54 — Quatre Statuettes biscuit.

55 — Quatre Théières dorées.

56 — Une paire Vase Médicis, guirlandes, amours.

57 — Trois paires Vases à anses vermeil, sujet Watteau.

58 — Seize Bardacs couronnes de fleurs, fond bleu et turquoise.

59 — Six petites Tasses fond vert.

60 — Douze petites Tasses fond bleu, Sucrier et Pots à lait.

61 — Six paires de Tasses fond bleu, sujet pastoral.

62 — Un Cabaret fond bleu de roi, fond vermeil.

63 — Un Cabaret fond bleu de roi, fond vermeil.

64 — Un Cabaret fond vert, couronnes de fleurs, fond vermeil.

65 — Un Cabaret fond vert, décor or, fond vermeil.

66 — Un Cabaret fond bleu, fond vermeil.

67 — Un Cabaret fond bleu à côtes, de six Tasses.

68 — Un Cabaret fond bleu à côtes de six Tasses.

69 — Cent Pièces différentes: Tasses, Théières, Pots à lait, etc.

Nota. — Toutes les pièces montées le sont en bronze doré.

§ II. Bronzes.

70 — Dix Lustres et Suspensions à seize, vingt-quatre et vingt-huit lumières ; les uns ornés de cristaux et avec bras.

71 — Sept Pendules modernes en bronze doré, avec candélabres.

72 — Six autres Pendules anciennes.

73 — Plusieurs paires de Flambeaux dorés.

74 — Sous ce numéro, il sera vendu bon nombre d'Objets non catalogués.

www.ingramcontent.com/pod-product-compliance
Lightning Source LLC
LaVergne TN
LVHW010242030726
842520LV00007B/2706